AF346377

DISCUSSION
DU PROJET
DE CODE CIVIL.

N.º 9.

SÉANCE du 14 Fructidor, an 9 de la République.

LE PREMIER CONSUL préside la séance.

Les deux autres Consuls sont présens.

Le C. THIBAUDEAU fait lecture de la seconde section du titre concernant *les Actes destinés à constater l'État civil*, intitulée, *Règles particulières aux Actes de Mariage.*

L'article XXV, qui est le premier de cette section, est soumis à la discussion ; il est ainsi conçu :

« Avant la célébration du mariage, l'officier de l'état
» civil fera deux publications, un jour de décadi, devant
» la porte de la maison commune. Ces publications, et
» l'acte qui en sera dressé, énonceront les prénoms,
» noms, professions et domiciles des futurs époux , et
» ceux de leurs pères et mères ; si les époux sont majeurs
» ou mineurs. Cet acte énoncera en outre les jours,
» lieu et heure où les publications auront été faites, et
» il sera inscrit sur un seul registre, qui sera déposé,
» à la fin de chaque année, au greffe du tribunal de
» l'arrondissement. »

Le C. REGNAUD (de Saint-Jean-d'Angely) demande qu'à ces mots *pères et mères,* on ajoute ceux-ci, *aïeuls ou aïeules, à défaut de père et de mère.*

Le C. BOULAY propose de généraliser la rédaction,

A

et de dire , » et ceux des personnes dont le consente-
» ment est requis pour la validité du mariage. »

Le C. THIBAUDEAU dit que la section a pensé que
l'on donnerait plus de notoriété aux publications en les
faisant devant la porte de la maison commune qu'en les
faisant dans le lieu des séances.

Le C. REGNAUD (de Saint-Jean-d'Angely) dit qu'il
n'existe pas dans tous les lieux une maison commune,
et que cette considération a déterminé la disposition de
l'arrêté du 7 thermidor an VIII, qui ordonne que les
publications seront faites devant la porte du maire.

Le MINISTRE DE LA JUSTICE demande qu'on
établisse un moyen d'obtenir des dispenses de publication. Il est des circonstances tellement pressantes , que
le délai des publications porterait préjudice aux parties,
ou pourrait même faire manquer le mariage ; tel est le
cas où un officier près de se marier reçoit l'ordre de
partir. Le droit d'accorder des dispenses pourrait être
confié aux préfets.

Le C. PORTALIS dit que cette section n'est destinée
qu'à régler la forme des actes ; que la question des
dispenses doit être renvoyée au titre *du Mariage*, où
l'on fixera les conditions sous lesquelles ce contrat
pourra être formé.

Le PREMIER CONSUL demande s'il est nécessaire
de ne permettre les publications que le décadi.

Le C. THIBAUDEAU répond que la section, forcée
de choisir un jour déterminé afin que les publications
fussent mieux connues, n'a pu adopter que le décadi,
qui, pour les usages civils , remplace le dimanche : il
ajoute qu'au surplus la publicité est assurée par les
affiches, qui n'étaient pas usitées autrefois.

Le PREMIER CONSUL dit qu'il conviendrait peut-
être de n'indiquer aucun jour déterminé.

Le C. BOULAY pense qu'en laissant aux parties le
choix du jour , on leur épargnerait le temps qu'ajoute
souvent au délai la nécessité d'attendre le jour fixé pour
commencer les publications.

Le C. TRONCHET dit qu'il faut sans doute apporter
le moins de retard possible aux mariages ; mais qu'il
faut cependant laisser aux personnes intéressées le temps

de les connaître avant qu'ils soient célébrés. On autorisera sans doute les citoyens à se marier hors du lieu de leur domicile et dans les lieux où ils auront une résidence de six mois : si le délai était trop court, ils pourraient abuser de cette autorisation et aller établir leur résidence dans un lieu tellement éloigné, qu'une opposition formée au lieu de leur domicile ne pût les y atteindre avant la célébration du mariage. De tous les moyens d'accélérer les mariages, les dispenses motivées sont celui qui présente le moins d'inconvéniens.

Le PREMIER CONSUL dit que la question ne porte pas sur le délai, mais sur le jour où se feront les publications. Si ce jour est libre, un grand nombre de citoyens disposeront les publications de manière que leur mariage puisse être célébré le jour qui s'accordera avec leur croyance religieuse, et au sortir de l'église ils iront à la municipalité ; si le jour n'est pas libre, on fera consacrer son mariage par les ministres de la religion, et l'on différera ensuite à le contracter devant l'officier civil.

Le C. RÉAL dit que le jour de la publication n'est pas indifférent ; qu'il faut ou se borner à faire connaître les mariages par les affiches, ou déterminer un jour fixe pour les publier, afin que ceux qui ont intérêt puissent aller entendre les publications. Jusqu'ici, la disposition qui les place au décadi n'a produit aucun inconvénient.

Le PREMIER CONSUL dit qu'il en peut résulter l'inconvénient dont il a parlé. La religion a aussi ses lois sur les publications ; si la loi civile sur le même sujet les contredit, l'exécution de la loi civile sera différée.

Le C. RÉAL dit que la publication des mariages a toujours été exclusivement du domaine des lois civiles, même dans les principes canoniques.

Le C. PORTALIS dit que les lois civiles ne doivent pas contrarier les lois religieuses ; mais qu'on peut concilier les unes avec les autres.

Le principe religieux est que le sacrement bénit le mariage, et que le contrat civil est tellement la matière du sacrement, que le sacrement ne peut pas être administré s'il n'y a pas de contrat civil : la loi doit donc former d'abord le contrat. Si le sacrement pouvait être reçu d'abord, et qu'ensuite le contrat ne fût pas formé, les enfans ne seraient que des bâtards.

A 2

Mais cette discussion se rattache à celle de la nature et des conditions du mariage ; il est donc convenable d'ajourner la question sur la fixation du jour, pour faire marcher ensemble les deux discussions.

Le C. REGNAUD (de S.ᵗ-Jean-d'Angely) propose, pour prévenir l'inconvénient dont a parlé le Premier Consul, d'ordonner qu'aucun culte ne pourra appliquer au mariage les cérémonies de son rite, avant qu'on lui ait justifié que le mariage civil a été formé.

Le C. TRONCHET dit que la détermination d'un jour fixe est essentielle à la formalité des publications, parce qu'autrement les tiers intéressés n'ont plus de moyen de vigilance. Cet intérêt doit l'emporter sur l'intérêt d'abréger le délai, lequel d'ailleurs ne serait diminué que de peu de jours et pourrait l'être par des dispenses.

L'article est adopté.

L'article XXVI est soumis à la discussion ; il est ainsi conçu :

« Un extrait de l'acte de publication sera et restera
» affiché à la porte de la maison commune pendant
» les dix jours d'intervalle de l'une à l'autre publica-
» tion. Le mariage ne pourra être célébré que trois
» jours après la seconde. »

Le C. TRONCHET propose d'expliquer que le délai pour la célébration du mariage, sera de trois jours francs.

L'article est adopté avec l'amendement.

On passe à la discussion de l'article XXVII ; il est ainsi conçu :

« Les actes d'opposition au mariage seront signés,
» sur l'original et sur la copie, par les opposans, ou
» par leurs fondés de procuration spéciale et authen-
» tique ; ils seront signifiés, avec la copie de la procu-
» ration, au domicile des parties et à l'officier de l'état
» civil, qui mettra son *visa* sur l'original. »

Le CONSUL CAMBACÉRÉS rappelle que le projet de Code civil présenté au Conseil des Cinq-cents, portait que les affiches et les publications seraient réitérées, même quand il ne serait pas survenu d'opposition, si le mariage n'était célébré qu'après le laps d'une année.

Le C. TRONCHET dit que cette disposition est inutile, parce que, si des tiers ont intérêt à empêcher le mariage, ils auront formé une opposition qui subsistera.

Le MINISTRE DE LA JUSTICE observe qu'il peut être survenu de nouvelles causes d'opposition qu'on négligerait, si l'on croyait le projet de mariage abandonné.

Le Ministre demande qu'on maintienne aussi la disposition de la loi du 20 septembre 1792, qui veut que les motifs de l'opposition soient exprimés, et que l'original et la copie soient signés par l'opposant.

Le C. THIBAUDEAU dit que l'expression des motifs est inutile, puisque l'officier n'en est pas le juge; qu'ils ne doivent être déduits que devant le tribunal; que, d'ailleurs, cette formalité serait illusoire, parce que l'opposant n'exprimerait pas ses véritables motifs.

Le MINISTRE répond qu'elle contiendrait ceux qui seraient portés à former opposition trop légèrement, pour nuire, ou par des motifs évidemment absurdes.

Le C. THIBAUDEAU répond qu'on ne doit pas craindre d'oppositions téméraires, puisqu'on n'en peut former sans avoir qualité.

Le C. RÉAL dit qu'il est temps d'expliquer les motifs lorsque les parties sont en présence du bureau de conciliation; qu'il est d'ailleurs utile de ménager à l'opposant la facilité de retirer son opposition.

Le C. TRONCHET dit que l'expression des motifs est inutile, puisque, comme on l'a observé, l'officier de l'état civil n'en est pas juge; qu'elle serait dangereuse, parce qu'elle obligerait quelquefois d'énoncer dans un acte permanent, des causes diffamatoires, tandis que l'objet de l'opposition est de se ménager le temps de ramener des jeunes gens égarés à la raison et au devoir.

L'article est adopté avec l'amendement du Consul Cambacérés.

L'article XXVIII est soumis à la discussion; il est ainsi conçu :

« L'officier de l'état civil fera sans délai une men-
» tion sommaire des oppositions sur le registre des publi-
» cations; il fera aussi mention, en marge, de l'inscription

» desdites oppositions, des jugemens ou actes de main-
» levée dont expédition lui aura été remise. »

Le CONSUL CAMBACÉRÉS dit qu'un registre particulier, destiné à recevoir les oppositions, pourrait
gêner; qu'il serait préférable de les inscrire sur le registre des mariages.

Le C. TRONCHET pense aussi qu'il est avantageux
de placer sur un même registre tous les actes relatifs
au mariage; que cependant, si l'on veut établir un registre particulier pour les oppositions, il est nécessaire
qu'il soit coté et paraphé.

Le C. DEFERMON craint que l'inscription des oppositions sur le registre des mariages ne rende ce registre
trop volumineux.

Le C. THIBAUDEAU observe, sur la dernière proposition du C. *Tronchet*, qu'une disposition générale
ordonne que tous les registres contenant les actes de
l'état civil seront paraphés.

Le C. TRONCHET dit qu'on doit craindre que le
registre des oppositions ne soit pas mis, dans l'usage,
au rang des registres de l'état civil.

Le C. RÉAL dit qu'au lieu de cumuler sur un même
registre tous les actes relatifs au mariage, il serait plus
simple de placer sur un registre tous les actes qui concernent les difficultés; et sur un autre, ceux qui concernent
les mariages sans difficultés.

Le C. REGNAUD (de Saint-Jean-d'Angely) dit
que le registre des publications ne sera pas tenu en
double; qu'au contraire, les registres de mariage le
seront; qu'ainsi on multiplierait sans nécessité le tra-
vail, en y inscrivant les oppositions.

L'article est adopté.

La discussion de l'article XXIX est ouverte; il est
ainsi conçu :
« En cas d'opposition, l'officier de l'état civil ne
» pourra célébrer le mariage avant qu'on lui en ait
» remis la main-levée, sous peine de destitution, de
» 300 francs d'amende, et de tous dommages-intérêts. »

Le C. DEFERMON demande qu'on substitue le mot
notifié au mot *remis*, afin que l'opposant puisse, avant

la célébration du mariage, interjeter appel du jugement qui prononce la main-levée.

Le C. THIBAUDEAU observe que la main-levée
peut aussi être donnée volontairement, et qu'alors il
n'est pas besoin de notification; que si la main-levée
est prononcée judiciairement, elle n'a pas d'effet tant
que le jugement n'a pas passé en force de chose jugée.

Le C. RÉAL dit que cette difficulté est aplanie
par une disposition qu'on trouve au titre *du Mariage*.

Le C. REGNAUD (de Saint-Jean-d'Angely) dit
qu'aucun article n'explique assez clairement que la main-
levée n'existe que par un jugement non susceptible
d'appel.

Le C. TRONCHET pense que l'expression *remis* est
exacte dans tous les cas. Cependant, pour lever toute
difficulté, il propose d'ajouter, après le mot *main-levée*,
ces mots, « ou donnée volontairement, ou prononcée
» par un jugement suivi d'un acquiescement ou rendu
» en dernier ressort. »

L'article est adopté avec l'amendement du C. *Tronchet.*

Le C. REGNAUD (de Saint-Jean-d'Angely) dit que
les tribunaux ont demandé quelle autorité appliquera
les peines prononcées par l'article contre l'officier civil,
et sur-tout sa destitution.

Le C. BIGOT-PRÉAMENEU dit qu'il y sera pourvu
par le Code de la procédure.

Le C. THIBAUDEAU observe qu'il ne peut y avoir
de doute sur la destitution en général de l'officier de
l'état civil: elle appartient au Gouvernement, comme sa
nomination.

L'article XXX est adopté; il est ainsi conçu :

« S'il n'y a point d'opposition, il en sera fait men-
» tion dans l'acte de mariage; et si les publications ont
» été faites dans plusieurs communes, les parties re-
» mettront un certificat, délivré par l'officier de l'état
» civil de chaque commune, constatant qu'il n'existe
» point d'opposition. »

Les articles **XXXI** et **XXXII** sont soumis à la discussion; ils sont ainsi conçus :

Art. **XXXI**. « L'officier de l'état civil se fera re-
» mettre l'acte de naissance de chacun des futurs époux.
» Celui qui serait dans l'impossibilité de se le procurer,
» pourra le suppléer en rapportant un acte de notoriété
» délivré par le juge de paix du lieu de sa naissance,
» ou par celui de son domicile lorsque le lieu de sa
» naissance ne sera pas connu. »

Art. **XXXII**. « L'acte de notoriété contiendra la
» déclaration, par sept témoins de l'un ou de l'autre
» sexe, parens ou non parens, des prénoms, noms,
» profession et domicile du futur époux, et de ceux
» de ses père et mère; le lieu et le temps ou au moins
» l'année de sa naissance, et les causes qui empêchent
» d'en rapporter l'acte. Les témoins signeront l'acte de
» notoriété avec le juge de paix; et s'il en est qui ne
» puissent ou ne sachent signer, il en sera fait mention. »

Le C. Bigot - Préameneu demande, dans l'article **XXXI**, la suppression de ces mots, *lorsque le lieu de sa naissance ne sera pas connu*, parce que le juge de paix du lieu de naissance ne sera pas toujours celui qui pourra le mieux attester le fait : l'individu peut n'y être pas connu.

Le C. Tronchet dit que les rédacteurs du projet de Code civil avaient indiqué le juge de paix de la résidence. Cette disposition était insuffisante : on doit plus de confiance aux attestations qui viennent du lieu de la naissance; mais si l'individu y est inconnu, il faut recourir au lieu de son domicile.

Le C. Defermon dit qu'il serait trop rigoureux d'obliger un citoyen à s'adresser au lieu de sa naissance. Ce lieu peut être situé au-delà des mers, et l'individu avoir la possession d'état dans le lieu de sa demeure.

Le Consul Cambacérés propose d'ajouter à l'art. **XXXII**, « que l'acte de notoriété contiendra le nom
» des père et mère du futur époux, s'ils sont connus. »

Les deux articles sont adoptés avec les amendemens qui ont été proposés.

L'article **XXXIII** est soumis à la discussion; il est ainsi conçu :

« L'acte de notoriété sera présenté, avec une requête,

» au tribunal de l'arrondissement du lieu ou doit se
» célébrer le mariage : le tribunal, après avoir entendu
» le commissaire du Gouvernement, donnera ou refusera
» son homologation, selon qu'il trouvera suffisantes ou
» insuffisantes les déclarations des témoins, et les causes
» qui empêchent de rapporter l'acte de naissance. »

Le CONSUL CAMBACÉRÉS demande s'il y aura appel.

Le C. THIBAUDEAU répond que la section proposera sur ce sujet un article général.

L'article est adopté.

L'article XXXIV est adopté ; il est ainsi conçu :
« L'acte authentique du consentement des père et
» mère ou aïeul et aïeule, ou, à leur défaut, de celui de
» la famille, contiendra les prénoms, noms, professions
» et domiciles du futur époux et de tous ceux qui
» auront concouru à l'acte , ainsi que leur degré de
» parenté. »

L'article XXXV est soumis à la discussion ; il est ainsi conçu :
« Le jour désigné par les parties, après les délais des
» publications, l'officier de l'état civil , en présence
» de quatre témoins, parens ou non parens , fera lecture
» aux parties des pièces ci-dessus mentionnées, relatives
» à leur état et aux formalités du mariage. Il recevra
» de chaque partie, l'une après l'autre, la déclaration
» qu'elles veulent se prendre pour mari et femme ; il
» prononcera, au nom de la loi, qu'elles sont unies
» par le mariage ; et il en dressera acte sur-le-champ,
» qui sera signé par lui , par les époux et par les té-
» moins. Si quelques-uns d'entre eux ne savent ou ne
» peuvent signer, il en sera fait mention. »

Le C. BIGOT - PRÉAMENEU dit que le Projet de code civil fixait le lieu où serait célébré le mariage : la section a omis cette disposition.
Elle a également omis de dire que les témoins seront parens ou non parens , sachant signer s'il peut s'en trouver. Cette dernière clause ne serait qu'un simple avertissement, et n'introduirait pas une condition rigoureuse. La déclaration de 1736 s'exprimait ainsi.

Le C. BOULAY répond que le domicile, sous le rapport du mariage, est fixé par une disposition qui se trouve ailleurs ; que la clause de la préférence des témoins qui savent signer, exclurait souvent les parens les plus proches.

L'article est adopté.

L'article XXXVI est soumis à la discussion ; il porte :
« En cas d'empêchement, le sous-préfet pourra au-
» toriser l'officier de l'état civil à se transporter au do-
» micile des parties, pour recevoir leurs déclarations et
» célébrer le mariage. »

Le C. THIBAUDEAU dit que cet article n'était pas dans le Projet de code civil. La section a pensé que l'officier de l'état civil devait pouvoir se déplacer ; mais qu'une autorité supérieure à cet officier et au maire devait être juge de cette nécessité. Le préfet est quelquefois trop loin ; la section a indiqué le sous-préfet.

Le CONSUL CAMBACÉRÉS dit qu'il est des cas tel-lement urgens, que les parties n'ont pas même le temps d'aller prendre une autorisation ; il faudrait n'obliger à l'obtenir qu'en supposant qu'il n'y eût pas d'empêche-ment. La force de l'obstacle serait jugée avec la contes-tation sur la validité du mariage.

Le C. THIBAUDEAU dit qu'on abuserait d'une dis-position si générale ; elle pourrait induire les parties en erreur, et donner ouverture à des contestations.

Le CONSUL CAMBACÉRÉS dit que si l'un des futurs époux est malade dans une ville éloignée de la résidence du sous-préfet, le danger peut être tel, qu'il ne laisse pas le temps d'aller chercher la permission. L'obstacle augmente encore si le sous-préfet la refuse ; et il peut même avoir intérêt de ne pas la donner. On prévoit qu'alors le mariage ne sera probablement pas célébré. Rien n'est encore décidé sur la validité des mariages *in extremis* : il ne faut pas que l'article qu'on discute les rende impossibles dans le fait, si l'on croit devoir les admettre dans le droit.

Le C. DEFERMON dit que l'intérêt public est entiè-rement à couvert par la formalité des publications faites après des délais ; qu'on peut donc, sans inconvénient, donner des facilités sur la célébration des mariages, et s'en rapporter à l'officier de l'état civil sur la nécessité de se déplacer.

Le C. RÉAL dit que la publicité est essentielle au mariage : si on l'en dépouille, ce ne doit être que par voie d'exception ; mais il faut que la règle générale soit maintenue. On peut autoriser l'usage des dispenses : cependant le droit de les accorder serait mal placé dans la main d'un maire, ou même d'un sous-préfet ; ils se rendraient trop faciles envers l'opulence.

Le CONSUL CAMBACÉRÉS dit que, dans son opinion, la validité des mariages célébrés hors du lieu ordinaire, doit dépendre de l'exigence des cas.

Le MINISTRE DE LA JUSTICE propose de rédiger ainsi : « En cas de nécessité, l'officier de l'état civil pourra se transporter. »

Le C. CRETET propose la rédaction suivante : « Quand les parties ne pourront se rendre au lieu destiné à la célébration des mariages, l'officier public se transportera, &c. »

Le C. TRONCHET dit que si la loi autorise le transport de l'officier public, elle doit exiger que la cause du transport soit exprimée dans l'acte.

Le C. EMMERY objecte que la mention de la cause compromettrait quelquefois l'honneur des parties; qu'au surplus, pour prévenir les abus de transport, il est nécessaire qu'il y ait à cet égard une autorité régulatrice.

Le CONSUL CAMBACÉRÉS propose de renvoyer cette discussion au titre *du Mariage*, parce qu'il ne s'agit, dans cette section, que de la forme matérielle de l'acte.

Le C. RÉAL observe que cette section doit aussi régler les fonctions de l'officier qui reçoit les déclarations de mariage.

Le CONSUL CAMBACÉRÉS dit qu'il est nécessaire de régler les effets du transport de l'officier, ce transport fût-il même prohibé; qu'ainsi la question rentre dans la classe de celles qu'on peut proposer sur la validité du mariage.

Le renvoi proposé par le Consul est adopté.

L'article XXXVII est discuté; il est ainsi conçu:

« On énoncera dans l'acte de mariage,

» 1.º Les prénoms, noms, âge, lieux de naissance,
» professions et domiciles des époux;

» 2.º S'ils sont majeurs ou mineurs;

» 3.º Les prénoms, noms, professions et domiciles
» des pères et mères;

» 4.º Le consentement des pères et mères, aïeuls et
» aïeules, et celui de la famille dans les cas où ils sont
» requis;

» 5.º Les publications dans les divers domiciles;

» 6.º Les oppositions, s'il y en a eu; leur main-levée,
» ou la mention qu'il n'y a point eu d'oppositions;

» 7.º La déclaration des contractans, de se prendre
» pour époux; et la prononciation de leur union par
» l'officier public;

» 8.º Les prénoms, noms, âge, professions et domi-
» ciles des témoins, et leur déclaration s'ils sont parens
» ou alliés des parties, de quel côté et à quel degré. »

Le Premier Consul dit qu'il conviendrait d'a-
jouter au n°. 7 de l'article, que la femme déclarera qu'elle
reconnaît son époux pour chef de la famille, et que le
mari déclarera qu'il la prend pour sa compagne; qu'il
faudrait enfin énoncer les droits et les devoirs des époux,
et leur faire connaître les engagemens qu'ils prennent l'un
envers l'autre.

Le C. Thibaudeau observe qu'on trouve dans le
Projet de code, un titre formel sur les droits et sur les
devoirs des époux.

Le C. Réal dit que lorsque les mariages étaient con-
tractés devant les ministres du culte, lès déclarations que
demande le Premier Consul entraient dans la cérémonie
de la célébration, mais que l'acte ne les relatait pas;
qu'on pourrait de même aujourd'hui les insérer dans la
formule.

Le Premier Consul dit que le mariage étant par-
fait aux yeux de la loi, et ayant tous ses effets après la
cérémonie civile, l'officier civil doit expliquer aux parties les conditions de leur contrat.

Le C. Thibaudeau dit que l'amendement du
Premier Consul doit être reporté à l'article XXXV.

Le Premier Consul dit que s'il ne fallait que

(13)

constater le mariage, il suffirait d'employer le ministère d'un notaire public; mais qu'un contrat qui crée une nouvelle famille doit être formé avec solennité.

Le C. Tronchet dit qu'on peut ordonner que l'officier de l'état civil fera lecture aux futurs mariés, du titre *sur les Devoirs des époux*, et leur fera prononcer la promesse de les remplir.

Le Premier Consul adopte d'autant plus volontiers cette idée, que la lecture proposée donnerait à une fille dont on aurait forcé les inclinations, le temps de réclamer à la face du public; que d'ailleurs elle laisserait dans l'esprit des époux, des souvenirs qui les porteraient à interroger la loi comme leur régulatrice, lorsque, pendant le cours de leur mariage, il surviendrait entre eux quelques difficultés.

Le Consul Cambacérés dit que les devoirs d'obéissance et de fidélité que le mariage impose à la femme ne sont pas exprimés dans le titre *sur les Droits et les Devoirs des époux*. Le Consul propose d'obliger l'officier de l'état civil à les énoncer.

L'article est adopté avec l'amendement du Premier Consul et celui du Consul *Cambacérés*. Ces amendemens seront reportés à l'article XXXV.

Le C. Thibaudeau présente à la discussion la section IV, intitulée, *des Règles particulières aux Actes de décès*.

Il dit que la section III contiendra les dispositions sur les actes de divorce; mais qu'il est impossible de s'en occuper, jusqu'à ce que le Conseil ait fixé son opinion sur le fond de la matière.

L'article I.er de la section IV est ainsi conçu :
« Aucune inhumation ne sera faite sans ordonnance
» de l'officier de l'état civil, qui ne pourra la délivrer
» qu'après s'être transporté auprès du cadavre pour
» s'assurer du décès, et que vingt-quatre heures après
» le décès. »

Le C. Maleville rappelle que les tribunaux ont demandé des exceptions à la disposition qui ordonne que l'inhumation sera faite dans les vingt-quatre heures.

Le C. Thibaudeau dit que la section a cru ces

exceptions inutiles, parce qu'il existe des lois de police sur les cas où il pourrait être dangereux de différer les inhumations.

Le C. PORTALIS ajoute qu'on abuserait des exceptions si elles étaient consacrées par la loi.

Le CONSUL CAMBACÉRÉS dit qu'on ne voit pas comment ces abus pourraient avoir lieu; qu'au surplus, la sûreté publique doit l'emporter sur toute autre considération; qu'après la publication du Code, elle ne serait plus garantie par les lois de police, puisque le Code les abrogera.

Le C. PORTALIS propose d'ajouter, « hors les cas » prévus par les lois de police. »

Le CONSUL CAMBACÉRÉS adopte cette rédaction.

Le C. FOURCROY demande qu'on ajoute à l'article, « que l'officier de l'état civil, pour constater le décès, » sera assisté d'un officier de santé, » parce qu'il y a des cas où il est difficile de s'en assurer.

Le C. BOULAY répond qu'il n'est pas toujours possible de trouver des officiers de santé; que d'ailleurs ces précautions sont du ressort de la police.

L'article est adopté avec l'amendement du Consul *Cambacérés.*

L'article II est soumis à la discussion; il est ainsi conçu :
« L'acte de décès sera dressé par l'officier de l'état » civil, sur la déclaration de deux témoins qui signe- » ront avec lui, ou mention sera faite qu'ils n'ont pu » ou su signer.

» Ces témoins seront, s'il est possible, les deux plus » proches parens ou voisins de la personne décédée, ou » la personne qui commande dans la maison, et un » témoin, parent ou autre, lorsque le défunt n'est pas » décédé dans son propre domicile. »

Cet article est adopté, avec le retranchement du mot *commande.*

Les articles III et IV sont adoptés; ils sont ainsi conçus :
Art. III. « L'acte de décès contiendra les prénoms,

» nom, âge, profession et domicile de la personne dé-
» cédée, les prénoms et nom de l'autre époux, si elle
» était mariée ou veuve; les prénoms, noms, âges, pro-
» fessions et domiciles des déclarans ; et s'ils sont parens,
» leur degré de parenté.

» Le même acte contiendra de plus, autant qu'on
» pourra le savoir, les prénoms, noms, professions et
» domiciles des père et mère du décédé, et le lieu de sa
» naissance. »

Art. IV. « En cas de décès dans les hôpitaux mili-
» taires ou autres maisons publiques, les supérieurs, di-
» recteurs, administrateurs et maîtres de ces maisons,
» seront tenus d'en donner avis, dans les vingt - quatre
» heures, à l'officier de l'état civil, qui dressera l'acte
» de décès sur les déclarations qui lui auront été faites,
» et sur les renseignemens qu'il aura pris concernant les
» mentions à faire dans l'acte de décès, suivant l'article
» précédent.

» Il sera tenu, en outre, dans les hôpitaux, des registres
» destinés à inscrire ces déclarations et ces renseigne-
» mens. »

On passe à la discussion de l'article V ; il porte :
« Quand il y aura des signes ou indices de mort
» violente, ou autres circonstances qui donnent lieu
» de le soupçonner, le cadavre ne pourra être inhumé
» qu'après qu'un officier de police, assisté autant que
» possible d'un officier de santé, aura dressé procès-
» verbal de l'état dudit cadavre, et des circonstances y
» relatives, ainsi que des renseignemens qu'il aura pu
» découvrir touchant les prénoms, nom, âge, profes-
» sion, lieu de naissance et domicile de la personne
» décédée. »

Le CONSUL CAMBACÉRÉS propose une disposition
additionnelle, conçue à - peu-près dans les termes sui-
vans :
« Dans les cas extraordinaires, comme tremblemens
» de terre, éboulemens, incendies, inondations, s'il
» vient à périr ou disparaître des personnes dont on ne
» puisse reconnaître ou retrouver les cadavres, il en sera
» dressé procès-verbal.

» Ce procès-verbal sera suivi d'une enquête faite
» pour constater la mort certaine des personnes qui ont
» disparu depuis l'événement. L'officier public fera

» mention, sur le registre des décès, de l'enquête et du
» procès-verbal. »

Le C. TRONCHET dit que ce cas rentre dans celui
de l'absence.

Le CONSUL CAMBACÉRÉS dit que les deux cas
qu'il a indiqués ne peuvent être confondus avec l'absence. Un individu peut être tué par la chute de sa propre
maison ; dans cette hypothèse, il n'est pas absent ; et cependant il faut s'assurer s'il est décédé.

L'article est adopté.

L'article VI est soumis à la discussion ; il est ainsi
conçu :

« L'officier de police sera tenu de transmettre de
» suite, à l'officier de l'état civil du domicile de la per-
» sonne décédée, et, dans le cas où son domicile ne
» serait pas connu, à l'officier de l'état civil du lieu où
» elle sera décédée, tous les renseignemens nécessaires
» pour la rédaction de l'acte de décès, qui sera inscrit
» sur les registres. »

Le C. THIBAUDEAU dit que les rédacteurs du
Projet de code civil voulaient que les procès - verbaux
fussent envoyés à l'officier de l'état civil pour être inscrits sur le registre et devenir actes de décès. La section
a pensé que comme une mort violente est souvent l'effet
ou d'un duel ou d'un suicide, il convenait, pour ne pas
perpétuer la honte de la personne décédée, de ne pas
énoncer dans l'acte de décès les circonstances de sa mort.
C'est dans cet esprit qu'a été rendu le décret du 21 jan-
vier 1790 , qui défend d'exprimer dans l'acte le genre
de mort des individus exécutés en vertu d'une condam-
nation.

Le C. TRONCHET dit que l'article n'a aucun rapport
avec les individus exécutés ; que ce genre de mort ne
doit pas être confondu avec les autres morts violentes.
Cette distinction admise, on doit penser qu'il n'y a rien
d'infamant dans la mort d'un homme assassiné ; qu'ordi-
nairement, quand on trouve un cadavre, il est difficile
de savoir si l'individu est mort par un assassinat, par
un duel ou par un suicide ; qu'il est nécessaire de faire
connaître à une famille, qu'un de ses membres a péri de
mort violente, afin qu'elle puisse discerner s'il y a assassinat, et en poursuivre les auteurs.

Le C. BOULAY dit que la famille puisera ces renseignemens dans le procès-verbal.

Le C. TRONCHET répond que l'acte de décès est seul connu de la famille du décédé.

Le C. RÉAL objecte que quelquefois le suicide peut être entendu avant sa mort, et que sa déclaration étant insérée au procès-verbal, devient la preuve de son crime; qu'alors la cause de sa mort n'est plus douteuse.

Le C. THIBAUDEAU observe que la disposition que la section présente est dans la loi du 20 septembre 1792.

Le MINISTRE DE LA JUSTICE dit qu'il est naturel qu'un cadavre soit inhumé dans le lieu où il a été trouvé, que là aussi soit dressé l'acte de décès, et qu'on n'envoie à son domicile qu'une expédition de cet acte; que cependant, l'article en discussion ne fait dresser l'acte dans le lieu de décès que quand le lieu du domicile ne sera pas connu.

Le C. THIBAUDEAU répond que ce sens n'est pas celui de l'article.

Le C. CRETET pense aussi que l'acte doit être dressé dans le lieu de l'inhumation, et qu'il suffit d'en envoyer la note au lieu du domicile.

L'article est adopté.

Les articles VII et VIII sont soumis à la discussion; ils sont ainsi conçus :

Art. VII. « Les décès des militaires de terre et de mer
» seront constatés de la manière prescrite par les articles
» ci-dessus, sauf les cas prévus par les réglemens mili-
» taires. »

Art. VIII. « En cas de décès pendant un voyage
» de mer, il en sera dressé, dans les vingt-quatre heures,
» en présence de deux témoins pris dans l'équipage, ou
» parmi les passagers, un double acte, dont un sur le
» livre-journal du bâtiment, et l'autre sur une feuille
» particulière : les deux actes seront signés par le ca-
» pitaine ou le maître et par les deux témoins : s'ils ne
» savent ou ne peuvent signer, ou s'ils refusent de le
» faire, il en sera fait mention.

» L'acte, écrit sur une feuille particulière, restera

l'état civil s'assure de la manière dont l'individu est mort.

L'article est adopté avec l'amendement.

L'article XI est adopté; il est ainsi conçu :
« Dans tous les cas de mort violente ou en prison,
» ou d'exécution à mort, il ne sera fait aucune mention
» de ces causes sur les registres ; et les actes de décès
» seront simplement rédigés dans les formes prescrites
» par l'article LVI. »

Le CONSUL CAMBACÉRÉS dit qu'aucun autre titre du Code civil n'appelant des dispositions relatives au décès, il y a lieu d'insérer dans le Projet un article qui se trouve dans l'ancien Projet de code civil, et dont le but a été approuvé. Voici, ajoute le Consul, comment cet article pourrait être conçu : « Quelle qu'ait été l'opinion
» religieuse du défunt, il doit être inhumé dans les cime-
» tières publics : néanmoins chaque individu ou chaque
» famille peut choisir un lieu destiné à son inhumation
» particulière et exclusive. »

Le C. RÉAL dit que cette disposition appartient aux lois de police : le Code civil règle la manière de constater le décès ; la police dispose du cadavre.

Le CONSUL CAMBACÉRÉS dit que réunir toutes les dispositions de la matière, c'est les faire mieux connaître et en mieux assurer l'exécution.

Le PREMIER CONSUL charge la section de prendre note de la proposition du Consul *Cambacérés.*

La section V, intitulée, *de la Rectification des Actes de l'État civil*, est soumise à la discussion.

L'art. XII, qui est le premier de cette section, porte :
« Le commissaire du Gouvernement près le tribunal
» au greffe duquel est déposé l'un des doubles des re-
» gistres, sera tenu, lors du dépôt, d'en vérifier l'état. »

Le CONSUL CAMBACÉRÉS demande comment se fera la vérification.

Le C. THIBAUDEAU dit qu'il doit être dressé procès-verbal de la clôture et de la vérification des registres.

L'article est adopté avec cet amendement.

L'article XIII est soumis à la discussion; il est ainsi conçu :

« En cas de contravention aux formes prescrites
» par les actes de l'état civil, il en dressera procès-
» verbal; et requerra que les parties et les témoins
» soient tenus de comparaître devant le même officier
» de l'état civil, pour rédiger un nouvel acte; ce qui
» sera ordonné par le président du tribunal, et exécuté,
» dans le dix jours, par l'officier de l'état civil.

» Si les témoins sont morts, ou qu'ils ne puissent
» comparaître à cause de leur absence ou d'autres em-
» pêchemens, ils seront remplacés par d'autres témoins.

» L'effet du dernier acte se rapportera à la date du
» premier, en marge duquel il en sera fait mention. »

Le CONSUL CAMBACÉRÉS dit que le mode de rectification établi par cet article donnerait lieu à des fraudes, en ce que des individus pourraient se présenter à la place et sous le nom des personnes appelées.

Le C. THIBAUDEAU dit que la fraude serait sans succès, attendu que, soit que la rectification ait été faite d'office, soit qu'elle l'ait été d'après des réclamations, elle ne pourra être opposée aux tiers.

Le CONSUL CAMBACÉRÉS dit qu'il y a plusieurs points à régler, si l'on veut prévenir les conséquences qui semblent naître du système proposé. Quand y aura-t-il nécessité de rectifier! quelles peines encourront ceux qui refuseront de comparaître lors des rectifications faites d'office! pourra-t-on, par ces rectifications, priver les parties intéressées, de l'effet des nullités qui leur seront acquises! Ce dernier objet mérite sur-tout une grande considération.

Le C. PORTALIS dit qu'on ne doit rectifier d'office que les preuves évidentes, comme serait celle sur l'orthographe des noms.

Le C. BIGOT - PRÉAMENEU dit que tant qu'il n'y a pas de réclamation, il n'y a pas de droit acquis par les nullités, il n'y a qu'une violation de formes que l'autorité peut réparer.

Le C. BOULAY dit que quand il y a nullité réelle, il n'y a pas même lieu à rectification.

Le C. TRONCHET observe que les actes de naissance ne peuvent être nuls que lorsqu'ils sont entachés

de faux : les vices de forme n'empêchent pas la vérité
du fait ; mais les nullités absolues vicient les mariages,
quoiqu'on puisse les réparer par la réhabilitation. Il
faudrait donc restreindre l'article aux actes de naissance
et de décès, et ajouter, « sauf ce qui sera réglé sur
» la nullité des mariages et des divorces. »

Le C. BIGOT-PRÉAMENEU dit que l'office de
commissaire est de requérir la réformation de l'acte ; que
l'époux qui voudra profiter de la nullité, fera alors sa
réclamation.

Le C. PORTALIS, dit qu'on ne peut prononcer la
nullité d'un mariage qu'en donnant aux époux l'option
de le réhabiliter.

L'article, les observations et les autres articles du
Projet, sont renvoyés à la section.

Ces articles sont ainsi conçus :

Art. XIV. « Lorsque la rectification d'un acte de
» l'état civil sera demandée par les parties intéressées,
» elle sera ordonnée, s'il y a lieu, par le tribunal com-
» pétent, sur les conclusions du commissaire du Gou-
» vernement, sauf l'appel.

Art. XV. » Le jugement de rectification ne pourra,
» dans aucun temps, être opposé aux parties intéressées
» qui ne l'auraient pas requise, ou qui n'y auraient pas
» été appelées.

Art. XVI. » Les jugemens de rectification rendus en
» dernier ressort, ou passés en force de chose jugée,
» seront inscrits sur les registres publics, par l'officier
» de l'état civil, aussitôt qu'ils lui auront été remis,
» et mention en sera faite en marge de l'acte de réforme. »

La Séance est levée.

À PARIS, DE L'IMPRIMERIE DE LA RÉPUBLIQUE.
8 Brumaire an X.